JUMP
da teoria à prática

Dados Internacionais de Catalogação na Publicação (CIP)
(Câmara Brasileira do Livro, SP, Brasil)

Albuquerque, Zuleika de

    Jump: da teoria à prática / Zuleika de Albuquerque; coordenação editorial: Alexandre F. Machado – 2. ed. – São Paulo: Ícone, 2021.

    Bibliografia
    ISBN 978-85-274-1232-2

    1. Aptidão física. 2. Educação física. 3. Exercícios aeróbicos. 4. Exercícios físicos. I. Machado, Alexandre F. II. Título.

13-03177   CDU – 613.7

Índices para catálogo sistemático:

1. Jump-Fit: Condicionamento físico: Educação física   613.7

Zuleika de Albuquerque

JUMP
da teoria à prática

Colaborador:
Gessé Carlos Dias Júnior

Coordenação editorial:
Alexandre F. Machado

2ª edição
São Paulo
2021

© Copyright 2013
Ícone Editora Ltda.

Fotografias
Acervo da autora

Projeto gráfico, capa e diagramação
Richard Veiga

Revisão
Juliana Biggi

Proibida a reprodução total ou parcial desta obra, de qualquer forma ou meio eletrônico, mecânico, inclusive por meio de processos xerográficos, sem permissão expressa do editor (Lei nº 9.610/98).

Todos os direitos reservados à:
ÍCONE EDITORA LTDA.
Rua Anhanguera, 56 – Barra Funda
CEP: 01135-000 – São Paulo/SP
Fone/Fax.: (11) 3392-7771
www.iconeeditora.com.br
iconevendas@iconeeditora.com.br

Folha de aprovação

A presente obra foi aprovada e sua publicação recomendada pelo conselho editorial na forma atual.

Conselho Editorial

Prof. Dr. Antônio Carlos Mansoldo (USP – SP)

Prof. Dr. Jefferson da Silva Novaes (UFRJ – RJ)

Prof. Dr. Giovanni da Silva Novaes (UTAD – Portugal)

Prof. Dr. José Fernandes Filho (UFRJ – RJ)

Prof. Dr. Rodolfo Alkmim M. Nunes (UERJ – RJ)

Prof. Dr. Rodrigo Gomes de Souza Vale (UNESA – RJ)

Prof. Dr. Miguel Arruda (UNICAMP – SP)

Prof. Dr. Daniel Alfonso Botero Rosas (PUC – Colômbia)

Prof. Dr. Victor Machado Reis (UTAD – Portugal)

Prof. Dr. Antônio José Rocha Martins da Silva (UTAD – Portugal)

Prof. Dr. Paulo Moreira da Silva Dantas (UFRN – RN)

Prof.ª Dr.ª Cynthia Tibeau

Presidente do Conselho

Prof. M. Sc. Alexandre F. Machado

Dedicatória

Quero dedicar este livro aos meus maravilhosos filhos Agatha Albuquerque de Mello Ananias e Rafael Albuquerque Ruiz Ruiz, que, por conta de uma vida atribulada de tarefas, não puderam conviver com uma mãe tão presente pelo excesso de trabalho, mas que aceitaram este fato e entenderam à medida que foram crescendo, com muito amor e alegria.

Aos meus pais Venâncio de Albuquerque e Lucinda Cardoso de Albuquerque, que são exemplos para mim de uma vida de honestidade, sacrifício e dedicação. Espero que com este livro eles possam entender minha luta e finalmente participar deste momento com a mesma alegria que sinto.

A minha irmã Arlete Aparecida de Albuquerque (*in memoriam*).

Aos meus amigos, alunos e a todos que sempre estiveram ao meu lado, com apoio e admiração.

Meus filhos Agatha Albuquerque de Mello Ananias e Rafael Albuquerque Ruiz Ruiz.

Agradecimentos

Primeiramente a Deus!

A minha família.

Ao presidente do Conselho Editorial da Ícone Editora, Professor Alexandre Machado, pelo incentivo e confiança.

À professora e idealizadora de *Jump-Fit,* Cida Conti, responsável por toda evolução do *Jump* e por toda minha luta e evolução nessa área, e que muito contribuiu neste livro.

Em especial, a minha sócia e amiga Lucillene Martins, pelo apoio e colaboração.

Aos amigos Gessé Dias e Eliana Cristina Pereira, pela colaboração e incentivo.

À Academia Movement e ao coordenador Roge de Carvalho Lopes, pelos materiais utilizados.

Ao meu namorado, amigo e companheiro Eduardo Silva Pereira, que me incentivou e esteve presente em todos os momentos importantes desta fase da minha vida. Agradeço e retribuo o nosso amor e carinho.

Aos meus alunos, amigos e professores que de alguma forma passaram e passam pela minha vida deixando sempre momentos importantes que fazem toda a diferença para que eu continue neste meu grande objetivo, melhorar a EDUCAÇÃO FÍSICA no Brasil.

Apresentação

A ideia de elaborar um livro que suprisse a carência de material didático apropriado ao ensino – aprendizagem do professor de Educação Física atuante nas modalidades de *fitness* surgiu em meio à experiência de mais de 20 anos da professora Zuleika Albuquerque, ao perceber essa necessidade e o seu comprometimento com a área, ao mesmo tempo em que seu trabalho é dedicado à formação e capacitação de professores que desejam atuar em academias.

Este livro registra a produção de estudos anatômicos, fisiológicos de musicalidade e toda a sistematização para a elaboração adequada de uma aula de *Jump*, seguindo todos os processos metodológicos e estruturais com o intuito de otimizar o objetivo proposto pela modalidade e garantir o desempenho de uma aula segura e eficiente.

Por possuir uma formatação e abordagem clara e objetiva, incentiva uma leitura de fácil entendimento e aprendizado ao professor, o que lhe garante a aplicabilidade com qualidade em suas aulas.

É uma obra que lança ao mercado *fitness* a possibilidade de desenvolver um trabalho cardiovascular sobre a estrutura de um aparelho junto à sua potencialidade com foco no lúdico, tornando suas aulas ainda mais prazerosas.

Bem-vindo ao programa de treinamento elaborado após anos de estudos pela professora Zuleika Albuquerque e boa leitura!

Prof. Esp. Eliana Cristina Pereira

Especialista em Pilates – Gama Filho

Prefácio

Em 1998, nos EUA, na minha primeira experiência com um minitrampolim, tive a impressão de estar diante de uma promessa, mas que naquele momento me desagradava por várias razões técnicas. Foram três longos anos de dedicação e trabalho até que minha criação tomasse forma própria e fosse denominada *JUMP FIT*, lançado ao mercado brasileiro em 2001. Apesar de ter sido chamada de louca por alguns que não acreditavam na proposta, pude notar desde os primeiros minutos da megainaugural que estava diante de um "divisor de águas", que marcaria para sempre a história do *fitness*.

O tempo passou e hoje, onze anos depois, minha tese se comprova por meio da simples constatação de que raramente encontraremos uma academia no Brasil que não ofereça aulas da modalidade. Como se isso não bastasse, podemos nos orgulhar de ver esta "nova mania" se difundir muito além de nossas fronteiras, chegando a outros países com "a cara e o jeitão brasileiros".

Imbuída da mesma paixão e responsabilidade, apresento esta obra que leva consigo a seriedade e experiência profissional de uma das maiores educadoras do mercado brasileiro. Zuleika

Albuquerque sintetiza de forma objetiva e didática todos os principais fundamentos técnicos da modalidade "JUMP", numa obra inusitada, de fácil compreensão e agradável leitura.

Parabenizo a autora pelo seu comprometimento e permanente colaboração com o mercado educacional do *fitness*, desejando que esta obra possa contribuir bastante no processo de qualificação de todos os interessados por este grande fenômeno chamado JUMP.

Cida Conti

Criadora dos programas *JUMP FIT, JUMP FIT CIRCUIT* e *FLEXI BAR*
Diretora Executiva da FIT.PRO e Radical Fitness Brasil
Diretora Técnica da Gymstick™ International para América Latina

Zuleika de Albuquerque e Cida Conti.

A autora

Zuleika de Albuquerque

▷ Professora em Educação Física
▷ Especialista em Administração e *Marketing* Esportivo
▷ Pós-Graduação – Universidade Gama Filho – Administração e *Marketing* Esportivo (2011)
▷ Graduação – Faculdade de Educação Física de Santo André. Licenciatura Plena em Educação Física (1986)

▷ Técnico: Faculdade Integrada Guarulhos. Especialização em Natação (1987). Atualização em Los Angeles – New York e em Wareham.

▶ Resumo de Qualificações

▷ Sócia-Diretora da FPA – Assessoria em Educação Esportiva – FPA Cursos – www.fpacursos.com.br

▷ Professora e Coordenadora de ginástica da FPA Cursos – ministra cursos pelo Brasil

▷ Técnica em Natação

▷ *Personal Trainer*

▷ Consultora Técnica

▷ Treinadora de Atletas - Preparadora Física

▶ Experiência Profissional

▷ Orientadora de Cursos de Capacitação para formação de Professores de Ginástica, destinado a alunos do Curso de Educação Física e profissionais formados (desde junho de 2006)

▷ Professora de Ginástica há 26 anos

Sumário

1. Objetivos e benefícios, 19

2. Orientações para os alunos, 21

3. Passos do *Jump* (elementos coreográficos), 22

    3.1. Liderança, **22**

    3.2. Musicalidade, **22**

    3.3. Elementos coreográficos e sua liderança, **28**

    3.4. Elementos coreográficos no *Jump* (principais exercícios), **32**

4. Estrutura da aula, 74

    4.1. Aquecimento, **75**

    4.2. Parte principal, **96**

    4.3. Volta à calma, **101**

5. **Descrição do *Jump*,** 102

6. **Aspectos fisiológicos do *Jump***
(por Prof. Gessé Carlos Dias Júnior), 103

    6.1. *Jump* e emagrecimento, 103

    6.2. Composição Corporal, 105

    6.3. Temperatura da sala, 107

    6.4. Treinabilidade, 108

    6.5. *Jump* como ferramenta de promoção e saúde mental, 109

    6.6. Periodização em aulas de *Jump*, 111

    6.7. *Jump* e treinamento concorrente, 112

7. **Entrevista com Cida Conti (Precursora do *Jump* no Brasil),** 115

    7.1. Como tudo começou, 116

    7.2. Como era o primeiro trampolim?, 118

    7.3. Aspectos positivos e negativos do *jump*, 119

    7.4. A importância da modalidade no mercado, 119

    7.5. Mensagem aos professores da modalidade, 120

8. **Referências Bibliográficas,** 121

1.

Objetivos e benefícios

A cada movimento vertical, os pés tocam a superfície do *Jump*, que é flexível, diminuindo o estresse articular normalmente causado pelo impacto dos pés com as superfícies sólidas e rígidas. Os benefícios decorrentes poderão ser inúmeros, relacionados a:

▷ Circulação sanguínea e sistema linfático;

▷ Osteoporose;

▷ Baixo risco de lesões.

Circulação sanguínea e sistema linfático: durante os movimentos do *Jump*, os saltos geram uma grande contração dos músculos dos membros inferiores, causando ao redor dos vasos linfáticos uma compressão capaz de provocar uma curva ascendente muito maior do direcionamento da linfa. A linfa é composta por um líquido claro pobre em proteínas e rico em lipídios parecido com o sangue. Ela é mais abundante do que o sangue e é direcionada para a bexiga. Isto explica o desejo de urinar logo após a aula.

Gasto Calórico: em uma aula de 40 a 50 minutos pode-se gastar de 400 até 700 kcal, dependendo da força exercida pelo indivíduo para empurrar a lona (*Revista Brasileira de Medicina do Esporte*, v. 10, n. 5, set./out. 2004).

Não é recomendado: para alunos portadores de instabilidade nos tornozelos e joelhos, gestantes e portadores de labirintite.

Ao contrário do que normalmente mencionam, é uma aula com bastante impacto. Aproximadamente 80% menos, podendo ser ainda mais reduzido conforme o domínio da técnica individual de flexão e extensão das pernas. Mas equivale aos valores medianos do impacto na corrida cerca de 2,9 PC (peso corporal).

Labirintite é uma desordem do equilíbrio do corpo humano. Tal desordem é causada por um processo inflamatório ou infeccioso que afeta os labirintos que ficam dentro do sistema vestibular, responsável pelo equilíbrio, postura e orientação do corpo localizado no ouvido interno.

A sensação de tontura que sentimos resulta do conflito de duas percepções: os olhos informam ao sistema nervoso que paramos de girar, mas o movimento do líquido dos canais semicirculares da orelha interna informa que nossa cabeça ainda está em movimento.

2.

Orientações para os alunos

▷ Ir ao banheiro antes da aula;

▷ Saltar ao lado do *Jump*, em caso de desequilíbrio, com os joelhos semiflexionados;

▷ Descer sempre de costas e procurar não descer entre as coreografias;

▷ Pisar sempre no centro do *Jump*;

▷ Não pisar sobre a saia do *Jump* (molas);

▷ Apoiar todo o pé sobre a lona elástica, empurrando com os calcanhares e não com as pontas dos pés;

▷ Para maior conforto e proteção dos praticantes, é recomendado para as mulheres o uso de TOP reforçado (*lycra* ou material similar), e para os homens o uso de sunga ou *shorts* de suporte extra.

3.

Passos do *Jump* (elementos coreográficos)

Antes de citar os nomes dos passos, devemos nos atentar para a LIDERANÇA e a MUSICALIDADE.

3.1. Liderança

Está relacionada com a perna que inicia o movimento. Indico que sempre comece com a perna direita **do aluno**, sendo assim a perna líder será a direita.

3.2. Musicalidade

Para ministrar aulas de *Jump*, é necessário o uso de CD profissional, pois ele tem BPM adequado e frases musicais.

Alguns conceitos são importantes para entender os tópicos a seguir:

3.2.1. Compasso

É a unidade métrica que divide a música, é formado por tempos agrupados. Pode ser:

▷ Tempos binários (2 tempos);

▷ Ternários (3 tempos);

▷ Quaternários (4 tempos).

O primeiro tempo de cada compasso é o mais forte e é chamado de acento métrico.

3.2.2. Oito

É a combinação de 4 compassos binários ou 2 compassos quaternários, trazendo um total de oito tempos. Esta nomenclatura é muito utilizada nas aulas de dança e também na ginástica. Na realidade, ela não existe na teoria musical, mas sempre será utilizada com o objetivo de facilitar a elaboração e a didática de uma aula eficiente de *Jump*.

3.2.3. Batimento (pulsação)

É o conjunto das batidas constantes da música que determinam sua velocidade – bpm – batidas por minuto. O **BPM** mantém-se durante todas as músicas. Quanto mais próximas estiverem as batidas uma das outras, mais rápida será a música.

A música e sua velocidade é um fator de extrema importância para a motivação e dinâmica da aula. A maioria dos estudos realizados não reproduzem a realidade das aulas ministradas no Brasil, pois bem sabemos que a velocidade das músicas raramente é inferior a 132/136 bpm, enquanto nos estudos em geral é de 120 a 128 bpm. A realidade é por volta de 140 bpm.

3.2.4. Frase Musical

As músicas são editadas pelo computador por profissionais qualificados, por meio de frases contínuas que são compostas por 4 tempos de 8, ou 8 ciclos como também são chamados (cada ciclo é formado por 4 tempos).

A frase musical está relacionada à melodia. A cada mudança da frase musical ocorre uma modificação na música, por exemplo, uma mulher começa a cantar e quando vai mudar a frase musical ela para de cantar e um homem começa. Nos últimos quatro (4) tempos da frase musical ocorre a "virada da bateria", parece que a música abaixa de tom.

A frase musical possui 32 tempos e chamaremos de 4 × 8 tempos, representados por um quadrado.

Podemos afirmar que um CD editado para as aulas de ginástica é formado por vários quadrados um ao lado do outro, ou melhor, um CD editado para aulas de ginástica é formado por frases musicais uma após a outra.

CDs

Todas as músicas dos CDs para aulas de ginástica (*jump*) são assim:

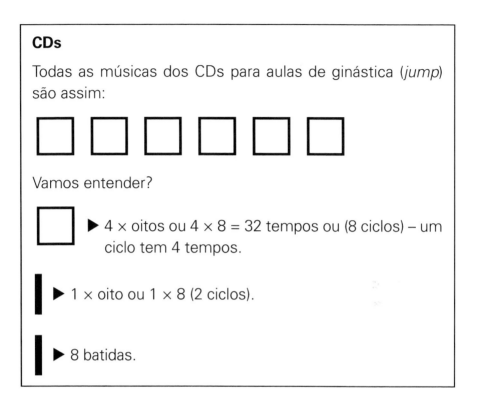

Vamos entender?

▶ 4 × oitos ou 4 × 8 = 32 tempos ou (8 ciclos) – um ciclo tem 4 tempos.

▶ 1 × oito ou 1 × 8 (2 ciclos).

▶ 8 batidas.

Oito tempos na frase musical

Os oitos não são simétricos!
Ímpares são mais fortes:

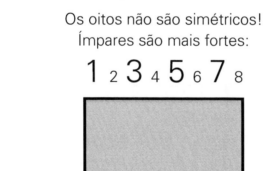

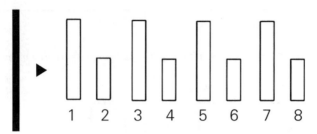

Oito tempos não simétricos: ímpar mais forte

Devemos ficar atentos ao início da frase musical. O 1 (um) inicial é o mais forte e às vezes é identificado por uma batida bem forte ou a troca de um instrumento. Este 1 (um) inicial será utilizado para a execução dos passos do *Jump*. Todo passo tem seu início e vamos identificar o 1 (um) de cada elemento coreográfico.

Por exemplo:

Elemento coreográfico – polichinelo, onde está o 1 (um) neste exercício? Quando afastamos os MMII ou quando unimos?

A resposta correta é:

Os MMII são afastados no 1 (um) e unidos no 2 (dois).

Para todos os elementos coreográficos, sem exceção, deveremos saber onde está o 1 (um) de cada exercício.

Observações importantes:

▷ Para desenvolver a musicalidade é necessário treinar, pois é uma habilidade e todos conseguem.

▷ Qualquer estilo musical pode ser usado desde que seja um CD profissional.

▷ Contagem rápida (notas brancas): considera-se tudo (tempos e contratempos)/planejamento de aulas.

▷ Contagem lenta (notas negras): desconsideram-se contra-tempos/instrução da aula aos alunos.

Para montar a aula de *Jump,* precisamos da frase musical.

1º Produto Final: FRASES – Definição de aula

Elaboração da aula sem alunos.

2º Processo pedagógico: Frases e oito tempos

JUMP – não existe o "repeteco" – executamos tudo com a perna direita (do aluno) – LIDERENÇA – não precisamos iniciar os exercícios com a perna esquerda. Tudo o que é executado para um lado será executado para o outro lado.

Você deverá contar todos os movimentos que você executar – lembre-se: contar até 8 – por exemplo, uma corrida no *Jump* 1 2 3 4 5 6 7 8 – o 1 corresponde ao pé direito tocando a lona e o joelho esquerdo elevado. O 2 corresponde ao pé esquerdo tocando o *Jump,* e assim sucessivamente.

3.3. Elementos coreográficos e sua liderança

3.3.1. Elemento neutro – marcha

A marcha não aparece nas coreografias. É utilizada no início da aula, entre os blocos, e para recuperação.

> **Lembre-se:** A marcha deve ser iniciada com o apoio do calcanhar direito do aluno na lona exatamente no 1 (um) da frase musical.

A marcha não deverá aparecer no produto final (coreografias). Deverá ser utilizada no início da aula para encontrarmos o 1 da música, e no final de cada bloco para dar as instruções necessárias.

3.4. Elementos coreográficos no *Jump* (principais exercícios)

Vamos dividir em dois grupos de exercícios no *Jump*:

▷ A – Família 1

▷ B – Família 2

3.4.1. A – Família 1 (apenas um pé)

Executados com transferência constante de peso de um pé para o outro. Nesta categoria exige-se maior consciência sinestésica do executante, visto a grande exigência de equilíbrio a cada instante em que o peso do corpo estiver apoiado em apenas um pé. Tronco ereto, peito aberto, manter isometria da musculatura estabilizadora. Ênfase no calcanhar do pé que estiver em contato com a lona, joelhos destravados.

▶ **TAP**

Com a perna direita executar um deslocamento para a lateral direita – pé direito do aluno – (1), calcanhar esquerdo – do aluno – toca a frente do pé direito no *Jump* (2).

1 (D) 2 (E)

3 (E) 4 (D)

▶ **Step – *Touch* (derivados –Tcha-Tcha e *Hip-Hop*)**

Com a perna direita executar um deslocamento lateral para a direita do aluno (1), em seguida tocar a ponta do pé esquerdo no *Jump* próximo ao pé direito (2).

Step Touch

1 (D) 2 (E)

3 (E) 4 (D)

Tcha-tcha – com saltito 1, 2, 3

Hip-Hop

1 (D) 2 (E)

3 (E) 4 (D)

▶ **Femoral (atrás ou à frente)**

Variações:

▷ Simples – 1 (uma) elevação para cada lado
▷ Duplo – 2 (duas) elevações da mesma perna para cada lado
▷ Combinado – simples, simples, duplo

Atenção: Saltar com os dois pés afastados simultâneos (1) e puxar a perna esquerda (flexão atrás do femoral) 2.

1

2 (elevar MMII esquerdo do aluno)

3

4

▶ **Cowboy**

Variações:

▷ Baixo e/ou alto;
▷ Simples e/ou duplo;
▷ Combinado.

Movimento de corrida com joelhos voltados para fora e pés à frente. Tocar a lona com o pé direito do aluno em um movimento de empurrar (1), elevando o pé esquerdo – do aluno – simultaneamente. Troca-se a perna (2).

Cowboy baixo

1

2

Cowboy alto

▶ **Elevação de joelhos**

Variações:

▷ Simples;
▷ Duplo;
▷ Combinado.

Saltar com os dois pés afastados (1). Elevar o joelho esquerdo – flexão do joelho – (2).

1

2 (elevar o joelho esquerdo do aluno)

3

4

▶ **Corridas**

Variações:

▷ Baixa, média e alta;
▷ Simples, duplo e combinado;
▷ *Sprint* (acelerado).

Executar uma corrida estacionária, iniciar batendo primeiro o pé direito do aluno na lona (1), elevando o joelho esquerdo.

Corrida

1

2

Corrida Alta

1

2

Sprint

1

2

2

3.4.2. B – Família 2 (apoio dos dois pés)

Executados com o apoio simultâneo dos pés demandam menor equilíbrio e são mais facilmente executados, proporcionando uma maior sensação de segurança nos primeiros contatos com a atividade. Corpo inclinado um pouco à frente (10°), peito aberto. Ênfase nos calcanhares e joelhos destravados.

▶ **Passo básico (*jump*)**

Saltar com MMII afastados – manter afastado.

▶ **Polichinelo**

Variações:

▷ Simples,
▷ Duplo;
▷ Combinado.

Movimento de afastar e unir os MMII. Inicia-se o movimento com os MMII afastados (1), em seguida une-os simultaneamente (2).

1

2

Zuleika de Albuquerque

▶ **Afastamento anteroposterior (tesoura)**

Variações:

▷ Simples,
▷ Duplo;
▷ Combinado.

Movimento de trocar as pernas "frente e trás". Direcionar a perna direita – do aluno – para a frente (1) e a esquerda para trás, simultaneamente.

1

2

▶ **Lateral (canguru)**

Variações:

▷ Simples,

▷ Duplo;

▷ Combinado.

Com os MMII unidos, saltar para o lado direito – do aluno – (1), em seguida para o lado esquerdo (2).

1

2

Atenção: Elevar os joelhos.

▶ Grupado (básico fechado)

Com os MMII unidos, executar os saltos no centro do *Jump*.

A intensidade dos exercícios estará relacionada com a força com que os pés empurram a lona a cada contato. **Pé de apoio (liderança – pé direito) marca contagem.**

Para que a metodologia apresentada neste livro tenha resultado positivo e seguro, você deverá decorar os exercícios propostos acima com suas determinadas contagens. Veja algumas dicas:

▷ Como identificar onde começa o exercício? Estudando o livro (elementos coreográficos) e treinando.

▷ Onde está o número 1 no exercício? Verifique em cada foto exemplo o número 1 que deverá coincidir com o 1 do início da frase musical.

▷ Para que lado eu vou, por exemplo, no Lateral (Canguru)? Com os MMII unidos, saltar para o lado direito – do aluno – (1), em seguida para o lado esquerdo (2).

1

2

O posicionamento do professor é de frente para seus alunos, podendo virar, se necessário.

4.

Estrutura da aula

É composta por 3 (três) fases:

▷ Aquecimento

▷ Parte principal

▷ Volta à calma

Respeitá-las é fundamental para prevenção de lesões musculoesqueléticas e otimização dos benefícios aos seus praticantes.

A aula deve ser adaptada às necessidades de seus alunos, cabendo ao professor flexibilidade e seriedade.

O posicionamento do professor em relação aos seus alunos será sempre de frente para eles, do início ao final da aula, lembrando que a perna de liderança será sempre a direita do aluno, assim o professor sempre utilizará sua perna esquerda. Ele será o "espelho" do aluno.

4.1. **Aquecimento**

Aproximadamente de 5 a 10 minutos.

Objetivo: preparar psicológica e fisiologicamente o aluno.

Os movimentos devem ser simples e de intensidade reduzida, ainda realizados no solo com movimentos de baixo impacto e dinâmicos, podendo ou não se acrescentar alongamentos específicos.

A velocidade da música (bpm) deve ser a mesma da parte principal da aula, obedecendo os conceitos de musicalidade propostos a seguir.

Segue exemplo de um aquecimento para a aula de *Jump*:

Atenção: Todas as fotos serão apresentadas exatamente como o professor deverá permanecer em sua sala, ou seja, de frente para seus alunos, olhos nos olhos. Portanto, vamos treinar nosso comando, por exemplo: falar "perna direita" e executar com a perna esquerda, pois nós, professores, somos o espelho do aluno.

Sugestão: Permanecer uma frase musical (32 tempos) em cada posição.

1

2

3

4

5

6

7

8

9

10

11

12

13

14

15

16

17

18

19 – Iniciar com Marcha

20

4.2. **Parte principal**

Esta fase caracteriza-se por movimentos realizados em cima do *Jump* e pode ter a duração de 20 a 45 minutos, dependendo da duração da aula que geralmente é de 30 minutos, 45 minutos ou 60 minutos.

É nesta fase que os principais objetivos serão alcançados.

4.2.1. **Produto final**

▷ O professor determina o produto final. Existem 3 (três) tipos de aula que denominaremos da seguinte forma:

1. **Bloco de 8 tempos (***Bloco***):** oito tempos para cada elemento coreográfico – avançado.

2. **Bloco de 16 tempos (***Blocão***):** dezesseis tempos para cada elemento coreográfico – intermediário.

3. **Bloco de 32 tempos (***Bloco Gigante***):** trinta e dois tempos para cada elemento coreográfico – iniciante.

4.2.2. **Montagem da aula**

A. Elaborar com antecedência seu produto final:

A.1. Produto final definido. Escolher o tipo de aula que você irá ministrar. Bloco, Blocão ou Bloco Gigante.

A.2. Escolher 4 (quatro) elementos coreográficos para cada coreografia.

A.3. Devemos montar 3 (três) coreografias no mínimo, evitando não repetir os movimentos.

A.4. Iniciar o aquecimento.

A.5. Entrar na música – marcha.

B. Inicia-se o processo pedagógico da primeira coreografia seguindo a seguinte estrutura para o ensino-aprendizagem:

B.1. Apresentação dos passos; começar pelo primeiro elemento coreográfico escolhido e ensiná-lo:

- 4 frases musicais
- Ensinar o segundo elemento coreográfico 4 frases musicais
- Ensinar o terceiro elemento coreográfico 4 frases musicais
- Ensinar o quarto elemento coreográfico 4 frases musicais

- Marchar – pelo comando verbal indicamos que a sequência diminuirá a quantidade de repetições
- Repetir tudo
- 3 frases musicais

- Marchar – pelo comando verbal indicamos que a sequência diminuirá a quantidade de repetições
- Repetir tudo
- 2 frases musicais

- Marchar – pelo comando verbal indicamos que a sequência diminuirá a quantidade de repetições

- 1 frase musical – chegamos ao BLOCO GIGANTE

- Podemos ou não continuar a diminuir para ½ frase musical, assim chegamos ao BLOCÃO

- Marcha
- Podemos ou não continuar a diminuir para **oito tempos** de cada elemento, assim chegamos ao **bloco**

- Dessa maneira, chegamos ao produto final definido anteriormente.
- Repetimos sem marcha por 4 vezes.

- **Iniciar a segunda coreografia da mesma maneira, obedecendo ao mesmo padrão anterior até chegar no produto final**
- **Unir as duas coreografias e repetir 4 vezes.**

- **Iniciar a terceira coreografia da mesma maneira, obedecendo o mesmo padrão anterior até chegar ao produto final**

- **Unir as 3 (três) coreografias e repetir 4 vezes.**

4.2.3. Exemplo 1 de Produto Final

Bloco I	Bloco II	Bloco III
1 × 8 corrida alta	1 × 8 tesoura dupla	1 × 8 joelho simples
1 × 8 corrida dupla	1 × 8 tesoura simples	1 × 8 joelho duplo
1 × 8 corrida combinada	1 × 8 polichinelo duplo	1 × 8 joelho combinado
1 × 8 *jump* (básico aberto)	1 × 8 polichinelo simples	1 × 8 tcha-tcha

4.2.4. **Exemplo 2 de Produto Final**

Bloco I	Bloco II	Bloco III
1 × 8 *cowboy* alto simples	1 × 8 canguru simples	1 × 8 corrida alta
1 × 8 *cowboy* alto duplo	1 × 8 *sprint*	1 × 8 polichinelo simples
1 × 8 *cowboy* combinado	1 × 8 femoral simples	1 × 8 polichinelo duplo
1 × 8 tesoura simples	1 × 8 *jump*	1× 8 polichinelo combinado

4.2.5. **Exemplo 3 de Produto Final**

Bloco I	Bloco II (apenas 2 elementos – girando)	Bloco III
1 × 8 tesoura dupla	1 × 8 tcha-tcha de frente	1 × 8 corrida baixa
1 × 8 polichinelo duplo	1 × 8 *sprint* vira para a direita	1 × 8 corrida alta
1 × 8 tesoura simples	1 × 8 tcha-tcha de costas	1 × 8 canguru simples
1 × 8 polichinelo simples	1 × 8 *sprint* vira para a esquerda	1 × 8 canguru duplo

4.2.6. **Exemplo 4 de Produto Final**

Bloco I	Bloco II	Bloco III
1 × 8 *jump*	1 × 8 corrida alta	1 × 8 tcha-tcha
1 × 8 grupado	1 × 8 *hip-hop*	1 × 8 joelho simples
1 × 8 femoral simples	1 × 8 tesoura simples	1 × 8 joelho duplo
1 × 8 femoral duplo	1 × 8 tesoura dupla	1× 8 joelho combinado

4.2.7. **Exemplo 5 de Produto Final**

Bloco I	Bloco II	Bloco III
1 × 8 *jump*	1 × 8 *cowboy* alto	1 × 8 canguru duplo
1 × 8 grupado	1 × 8 *hip-hop*	1 × 8 canguru simples
1 × 8 joelho simples	1 × 8 tcha-tcha	1 × 8 corrida alta
1 × 8 tesoura	1 × 8 *sprint*	1 × 8 corrida baixa

4.3. **Volta à calma**

É a última fase da aula. Pode durar de 5 a 10 minutos, e pode ser dividida em duas partes:

1. Em cima do *Jump*, com movimentos mais suaves e simples.

2. No solo com movimentos de baixo impacto, sendo opcional o alongamento.

5.

Descrição do *Jump*

▷ Dimensões: 20 cm de altura × 96 cm de diâmetro;
▷ Proteção dos pés com ponteiras antiderrapantes;
▷ Lona super-resistente;
▷ Suporta até 150 kg

6.

Aspectos fisiológicos do *Jump*

por Prof. Gessé Carlos Dias Júnior

Especialista em: musculação,
condicionamento físico,
treinamento para grupos especiais.

6.1. *Jump* e emagrecimento

Antes de falar a respeito da atividade *Jump* como ferramenta de promoção de saúde e mudança de composição corporal, é necessário falar sobre o que é o emagrecimento e os componentes fisiológicos que o caracterizam. Algumas pessoas envolvidas com treinamento e atividade física possuem uma ideia não tão abrangente sobre o ganho e a perda de peso relacionada à prática de atividades físicas de características aeróbias e anaeróbias.

Contudo, é de extrema importância ter como base que o *Jump* é uma atividade que promove alterações fisiológicas que tem como resposta orgânica vários benefícios, que vai do bem-estar psicológico até o emagrecimento.

Necessariamente perda de peso e emagrecimento estão interligados, mas perder peso não pode ser perda de gordura em todos os casos. Então, levamos a crer que a perda de peso causada pelo emagrecimento está ligada apenas à quebra das estruturas das moléculas de gordura por ações de substâncias específicas (hormônios), que tem como objetivo a manutenção da homeostase metabólica.

Assim, é de grande importância verificar aspectos isolados da atividade física, como o fornecimento energético dos macronutrientes em diferentes intensidades de treino, assim como na tabela abaixo:

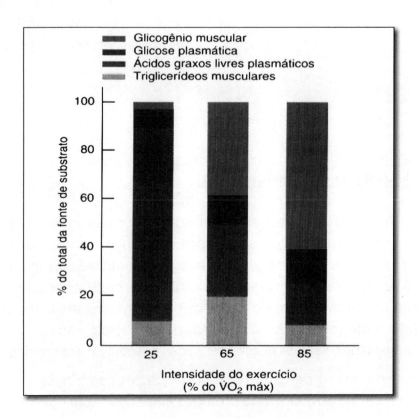

Segundo a figura acima, é possível ter como base em qual intensidade é utilizada a gordura como substrato energético para a realização da atividade proposta, em específico pensando no *Jump* que tem como característica ser um trabalho que oscila entre as zonas aeróbias e anaeróbias de treino. É difícil estipular com exatidão como cada organismo se comporta em determinado momento da aula.

Sendo assim, aspectos como: composição corporal, treinabilidade, temperatura corporal podem interferir nos resultados de um programa de treinamento, que inclui como proposta as aulas de *Jump*.

6.2. **Composição Corporal**

A composição corporal detalha a divisão da massa corpórea em massa gorda e massa magra, e a massa gorda é composta pelo tecido adiposo (gordura) e a massa magra por todo o restante (tecidos conjuntivos, músculos e ossos).

É desejável aumentar a massa livre de gordura para um bom desempenho em atividades de força, potência e resistência muscular.

Indivíduos mais pesados devido a uma grande quantidade de massa isenta de gordura podem ter resultados diferenciados em relação à perda e ao ganho de peso. Tais indivíduos ficam mais suscetíveis a gastos energéticos maiores durante a atividade.

As células musculares são biologicamente mais ativas, pois armazenam gordura, glicogênio e H_2O. Após as atividades, esses substratos que são utilizados para o fornecimento de energia (catabolismo), para contração muscular precisam ser repostos novamente como forma de energia (anabolismo). A cada grama de carboidrato armazenado como glicogênio no tecido muscular é também armazenado 2,6 g de água, o que significa aumento de peso corporal e não aumento do tecido adiposo.

São inúmeros os estudos que relacionam a intensidade do exercício e o EPOC (consumo de oxigênio pós-exercício) a efeitos emagrecedores. É consenso que a alta intensidade promovida nas aulas de *Jump* pode influenciar de forma positiva na perda de peso, devido ao grande gasto energético durante a atividade e a elevação da atividade metabólica após o termino do exercício, sendo este fenômeno favorecido durante horas após a aula de *Jump*. Sendo fatores como o componente rápido do EPOC (restauração da mioglobina, ressíntese de ATP-CP, restauração das concentrações sanguíneas de O2, aumento da temperatura corpórea e ventilação) e o componente lento do EPOC (aumento da atividade simpatoadrenal, atividade elevada do miocárdio, ventilação elevada, ressíntese de glicogênio, aumento da atividade da bomba de sódio e potássio), levando assim a um custo metabólico aumentado para o gasto energético em repouso.

O ACSM(2) determina que as sessões de exercícios devam apresentar um dispêndio de 300-500 kcal. Contudo, as aulas do *Jump Fit*, em seus diferentes métodos de treinamento, apresentam variações que podem ser aplicadas para incrementar o dispêndio energético, tais como: maior intensidade no movimento de pernas e braços, mais vigor ao empurrar a lona do trampolim, utilização de movimentos com participação de maiores grupamentos musculares, aumento da cadência da música, mudanças nas sequências da coreografia. Tais incrementos podem proporcionar maior atividade energética e, assim, refletir na melhora dos componentes estéticos e na saúde.

Pessoas com maior quantidade de gordura possuem perfis hormonais com menor favorecimento para o emagrecimento.

A Leptina é uma proteína secretada pelas células de gordura, e dentre as suas funções está ditar o ritmo do emagrecimento, falando de forma simplificada.

Pessoas com mais tecido adiposo produzem maior quantidade de leptina que produz uma desordem metabólica, ficando assim mais difícil o emagrecimento. Portanto, quantidades excessivas de tecido adiposo podem retardar o processo de perda de peso proveniente do tecido adiposo.

Levando em consideração a composição corporal, podemos e devemos levar essas informações como processo de conscientização para nosso alunos e clientes, para que as pessoas entendam a necessidade da proposta das aulas de *Jump* e o que se pode esperar como processo da obtenção de resultados e melhora da qualidade de vida.

6.3. **Temperatura da sala**

O ambiente para a prática do *Jump* deve ser uma sala de preferência com ajustes de temperatura e ventilação.

O exercício físico intenso tem como resposta fisiológica o aumento da temperatura corporal, podendo ultrapassar a margem de normalidade que está entre 36,1°C e 37,8°C, podendo assim o indivíduo sofrer um episódio de hipertermia e ter sérias complicações no andamento da aula.

É de extrema importância saber entender quais são as formas eficazes de retirada do calor corporal. Elas podem ocorrer por condução, convecção, radiação e evaporação.

▷ **Condução:** Quando o calor do corpo é transferido por meio de um toque a um objeto ou superfície que se encontre em temperatura inferior. Exemplo: paredes e solo da sala com temperatura resfriada.

▷ **Convecção:** Quando o calor e o movimento do ar de um lugar para outro, mediante a ação de um gás ou líquido. Podemos destacar o ar que está sempre em movimento e passa pela pele, ocorrendo a troca de calor. Os ventiladores e circuladores de ar são bons aliados.

▷ **Radiação:** O calor é eliminado por ondas eletromagnéticas e são direcionadas para objetos e estruturas mais frias que se localizam próximo ao praticante. Por isso, a importância de objetos frios ao redor de uma sala de aula onde ocorrem as aulas de *Jump* podem ser estes: barras de ferro, paredes geladas ou qualquer objeto que possa absorver calor do corpo do praticante.

▷ **Evaporação:** uma das formas mais eficientes que é realizada a retirada do calor do corpo é por meio da evaporação, sendo esta responsável por 80% da perda de calor corporal em uma pessoa fisicamente ativa. A utilização de roupas que auxiliam na evaporação do suor (roupas leves feitas de tecidos específicos para a prática de exercícios) é de extrema importância para manter a integridade física do aluno.

6.4. **Treinabilidade**

As adaptações referentes aos exercícios físicos condicionantes proporcionam melhoras nos sistemas: musculoesquelético, cardiopulmonar e cardiorrespiratório.

O sistema musculoesquelético, por sofrer ajustes devido à imposição de cargas externas às suas estruturas, fica mais suscetível a acumular mais minerais dentro das suas estruturas ósseas e mais energia em forma de macronutrientes dentro dos músculos.

Aumento da capacidade de gerar força e solicitação das fibras do tipo I e II também ocorrem com o treinamento a longo prazo.

Segundo Guarrantes (2006), uma adaptação a ser considerada é o aumento da utilização do metabolismo das gorduras, uma vez que o tamanho e o número de mitocôndrias nas células musculares são aumentados significativamente com o treinamento regular.

Os pulmões também sofrem influência com o treinamento físico de característica aeróbia. Principalmente na fase de crescimento podem favorecer ao crescimento da caixa torácica e do volume pulmonar, resultando em uma frequência respiratória menor em situação de exercício e em repouso.

O músculo cardíaco com a prática regular de exercícios se fortalece, sofrendo uma hipertrofia fisiológica (aumento das espessuras da parede cardíaca) para suprir a demanda imposta pelos exercícios. O aumento do volume sanguíneo decorrente da hipertrofia cardíaca é necessário para um maior aporte de sangue para os tecidos musculares.

Estudos indicam que indivíduos treinados podem aumentar em 40% a quantidade de capilares das fibras musculares. Quanto maior for a treinabilidade de um indivíduo, maior será a sua densidade capilar (Weineck, 2003).

6.5. *Jump* como ferramenta de promoção e saúde mental

É notável como o exercício de característica aeróbia pode promover benefícios à saúde física e mental. Visivelmente podemos notar que pessoas que têm uma vida ativa encaram a vida de uma forma diferente, com posturas mais positivas e com menos receio de encarar os desafios do cotidiano e com a competitividade imposta pela nossa sociedade.

Alguns estudos têm demonstrado em animais que atividade física pode influenciar positivamente no tratamento da depressão.

O BNDF é uma possível molécula candidata a efeitos antidepressivos. A redução da proteína BNDF tem sido correlacionada com fortes quadros depressivos.

O exercício físico, principalmente o exercícios aeróbio, tem mostrado resultados significativos no perfil dessa proteína. Segundo Dishman *et al.*, 1997, a corrida crônica de 9 a 12 semanas em seu estudo realizado por ratos foi capaz de diminuir efeitos relacionados à depressão.

Dimeo *et al.*, 2001, demonstra por meio de estudos que apenas 30 minutos de atividades aeróbias todos os dias durante 10 dias podem retardar e diminuir a depressão.

Apesar de até o momento não existirem estudos sobre o *Jump* e sua relação com efeitos antidepressivos, é de extrema importância saber que exercícios que possuem a mesma característica metabólica tem tal efeito no organismo. Levando isso em consideração, o *Jump* futuramente pode ter comprovações científicas da sua eficácia no tratamento ou profilaxia para o combate à depressão.

O bem-estar físico e psicológico é notório após as aulas de *Jump*, isso pode ser não apenas por causa de efeitos fisiológicos que regulam proteínas, mas também por causa de interatividade entre as pessoas (socialização) e o efeito eufóricos das músicas nas aulas.

6.6. Periodização em aulas de *Jump*

É de extrema complexidade manipular as cargas de treino no *Jump*, pois o material de trabalho se baseia na coreografia que pode possibilitar mais ou menos intensidade, a individualidade biológica, levando em consideração o peso corporal (mais ou menos carga) e o estado em que se encontra o indivíduo (treinabilidade).

Portanto, para a realização de um trabalho sério em que se preconiza o ganho de *performance* e a manutenção ou melhora da saúde, é muito importante ter uma ideia do que é a Periodização e alguns conceitos básicos para a sua aplicabilidade.

Segundo BRAZ (2006), o treinamento deve apresentar uma clara alternância entre o trabalho muscular e a recuperação.

Monteiro (2008) ressalta a importância da relação de heterocronia existente entre as situações de predominância metabólica que cada atividade tem como particularidade. Especifica o tempo de recuperação do metabolismo específico predominante e sua correlação com outros metabolismos também catabolizados.

Sessões ou aulas com predominância do metabolismo aeróbio condicionante (80% a 100% da intensidade máxima, onde podemos encaixar as aulas de *Jump*), temos os seguintes tempos de recuperação:

▷ **Sistema aeróbio:** 48h a 72h – exemplo: aulas de *Jump*.

▷ **Sistema anaeróbio lático:** 24h a 36h – exemplo: Treino de Hipertrofia para MMII.

▷ **Sistema anaeróbio alático:** 6h a 12h – exemplo: Treino de Força Máxima ou Potência.

Levando essas informações em consideração quando priorizamos as aulas de *Jump* dentro de um contexto de Periodização, para que ocorram adaptações favoráveis e uma recuperação satisfatória, o treino de Hipertrofia para os músculos envolvidos na aula de *Jump* precisa ter um descanso de pelo menos 24h após a aula de *Jump* e um treino de Força Máxima deve ser realizado pelo menos 6h após a aula de *Jump*. A aula de *Jump* neste caso deveria ser repetida de 48h a 72h depois do término desta.

Não respeitando essa relação de heterocronismo entre as diferentes atividades e a recuperação do sistema energético específico (aeróbio condicionante), é aumentada a probabilidade de um fenômeno conhecido como *overtraining* devido a períodos de recuperação não satisfatórios.

Fica a cargo dos professores a responsabilidade de orientar os alunos que o excesso de atividade e a falta de planejamento podem influenciar negativamente nos resultados do programa. Podendo levá-los ao desconforto pela não obtenção dos resultados e por perder saúde ao mesmo tempo.

6.7. *Jump* e treinamento concorrente

Em um primeiro momento o *Jump* pode promover adaptações relacionadas até mesmo à Hipertrofia, que se caracteriza como aumento da área de secção transversa de uma fibra muscular.

Um estudo publicado em 2008 pelo Institute of Sports and Medicine da Universidade de Copenhague comparou o efeito de trabalhos com cargas distintas, sendo uma delas mais pesada (70% RM) e a outra com (15,5% RM) com exercícios resistidos para membros inferiores e o volume de carga total equalizado, ou seja, em carga de trabalho ambos os grupos levantaram a mesma quantidade de pesos (número de séries × número de repetições × o peso), essa fórmula teria de ser a mesma em peso para ambos os grupos.

O interessante do resultado do estudo foi identificar que, mesmo com cargas baixas e um volume considerado alto, ocorreu hipertrofia. Mesmo esta sendo menor que a do grupo com cargas mais altas, o que pode nos fazer crer que esta característica (cargas leves) pode se aproximar das aulas de *jump* e ainda assim possuírem um componente hipertrófico favorável!

Devemos lembrar que isto é apenas uma hipótese que poderia ser facilmente desmistificada se fosse realizado um estudo sério sobre o assunto.

Colocando um pouco a ciência de lado, para quem está acostumado a dar aulas de *jump* e acompanha seus alunos há muito tempo, é possível identificar em alguns casos uma mudança considerável nos músculos envolvidos na atividade *Jump*, relacionando a hipertrofia sem a realização concomitante do treinamento com pesos.

Quando combinamos o treinamento de força ou exercícios resistidos com o treinamento aeróbio, ocorre uma concorrência em relação às adaptações fisiológicas, podendo neste caso não ocorrer o ganho máximo em hipertrofia e força muscular.

Segundo Kreamer *et al.*, há uma diminuição na hipertrofia das fibras do tipo 2 quando o treinamento aeróbio é conjugado ao treinamento de força.

Um estudo com mulheres que realizaram aulas de *Jump* e logo após o treinamento com pesos para membros inferiores, foi possível identificar uma queda na sustentação do número de repetições nas últimas séries dos exercícios com pesos. Conclui-se que existe queda do rendimento na realização das aulas de *Jump* antes do treino resistido realizado com séries múltiplas nesse estudo.

O treinamento de força aumenta a sinalização akt-mTHOR, que é crucial para hipertrofia muscular; em contrapartida, os exercícios aeróbios estimulam a via AMPK, resultado de acontecimentos celulares do metabolismo aeróbio. Esta via AMPK pode inibir o processo de hipertrofia por inibir a via akt-mTHOR. Alguns estudos baseiam-se nessa afirmação para provar a não eficácia da hipertrofia e força, mesmo assim muitos outros mecanismos não estão claros ainda para explicar tal fenômeno.

A hipertrofia máxima, como objetivo principal, deve ser revista pelos praticantes de aulas de *Jump* sabendo dos fatos citados acima.

Mesmo assim, estudos demonstram ainda a eficácia em relação à hipertrofia mesmo realizando treinamento concorrente, principalmente em períodos iniciais de treinamento combinado.

7.

Entrevista com Cida Conti (Precursora do *Jump* no Brasil)

▷ Professora de Educação Física (FIG) – CREF: 2108
▷ Eleita "Melhor professor de *step* do Brasil" – Associação Brasileira de *Fitness* 1993
▷ Eleita "Melhor professor de ginástica de São Paulo" – Revista *VEJA* 1994
▷ Eleita "Instrutor do Ano" – *Fitness* Brasil 1995
▷ Prêmio "Melhores do *Fitness*" – Shopping News SP 1996
▷ Eleita "Melhor Instrutor Internacional" – FEDA/Espanha 1998
▷ Prêmio "Top ENAF" – ENAF 1999
▷ Presente nas convenções IDEA (EUA – 1995/1996/2001/2003/2006)
▷ Mais de 850 cursos e *workouts* ministrados em 25 países: Alemanha, Argentina, Bélgica, Brasil, Chile, Colômbia, Costa Rica, Croácia, Dinamarca, EUA, Equador, Espanha, França,

Inglaterra, Itália, México, Paraguai, Peru, Portugal, Suíça, Polônia, Rússia, Sérvia, Uruguai e Venezuela

▷ Criadora dos programas *JUMP FIT*, *JUMP FIT CIRCUIT* e *FLEXI BAR*

▷ Diretora Executiva da FIT PRO e Radical *Fitness* Brasil

▷ Diretora Técnica da Gymstick™ International para América Latina

7.1. **Como tudo começou**

Cida Conti participou todos os anos na Convenção da Idea (USA). Em 1998, ela participou de uma aula em que eram utilizados mini trampolins. A estrutura era igual à atual, mas a lona era muito mole e o equipamento não era reforçado. A aula recebia o nome de *Rebound* – rebotear – quicar – ricochetear – um formato totalmente desestruturado, confuso e perigoso, com saltos gigantes, movimentos contínuos e totalmente fora da música. Cida vivenciou a modalidade por 10 minutos, os 5 primeiros minutos foram de paixão e os 5 minutos finais, de ódio. Isso despertou nela uma curiosidade muito grande, pois essa relação de amor e ódio com relação à mesma coisa fez com que fosse atrás de mais informações para descobrir o porquê desses sentimentos tão contraditórios.

Sua pesquisa começa no Brasil, na USP, e se estende para os Estados Unidos da América, onde descobre que o "Pai" da superfície elástica era o Sr. Albert Carter.

Albert Carter foi um americano da década de 70 que criou o minitrampolim por intermédio da *Rebound* (USA), desenvolvendo um trampolim de dimensões bem menores que o original e de fácil transporte. Era o início das aulas em minitrampolim. Ele utilizava o trampolim para fazer treinamentos de corrida, inclusive os trampolins foram utilizados para treinamentos na NASA, para preparação pré e pós-ida ao Espaço, devido ao Trampolim proporcionar uma vivência em gravidade 0 (zero). Albert Carter logo desanimou com o Trampolim, pois as rupturas do equipamento e as lesões foram aparecendo no decorrer dos treinamentos, fazendo com que sua utilização diminuísse. O Trampolim também foi utilizado nas Filipinas para treinamento do exército, mas ocorreu a mesma coisa, rupturas do equipamento, pois não era feito de uma maneira tão eficaz para a segurança das pessoas. As molas arrebentavam, a lona cedia e o equipamento acabava machucando as pessoas.

Cida continua com suas pesquisas sobre o equipamento na Alemanha até o final de 1999 e começo de 2000. Em suas pesquisas começa a formatar a ideia de melhorar o equipamento e o treinamento sobre a plataforma ainda chamada de Trampolim. As aulas foram então sendo preparadas, estudadas e formatadas, mas ainda o equipamento não apresentava a segurança necessária que Cida precisava para alavancar sua ideia e sua proposta revolucionária.

Em 2000, Cida Conti era diretora técnica da *Fitness* Brasil e também supervisionava uma grande academia em São Paulo. Ela já estudava em laboratório prático suas aulas no trampolim, fazendo as adaptações necessárias, e as aulas já começavam a ser desenvolvidas nesta academia. O grande sucesso começa quando Cida lança o nome *JUMP FIT*, e, ao solicitar seu registro em 3 de janeiro de 2001, o recebe apenas no ano de 2006.

Cida pensou em levar essa nova aula para o *Fitness* Brasil em abril de 2001, mas precisava melhorar o equipamento, pois a segurança deveria ser reforçada. No momento, Cida conhece um grande empresário que abraça a causa e disponibiliza a fabricação do equipamento, respeitando e melhorando as exigências da treinadora. Foram confeccionados cerca de 400 **Jumps** (nome já consolidado e utilizado por todos para designar o equipamento e a aula). Podemos citar o **Top of Mind**, que é um termo em inglês utilizado na área de *marketing* empresarial como uma maneira de qualificar as marcas que são mais populares. No grande lançamento de sua aula no Brasil, Cida ministra a aula com muito entusiasmo, obtendo um enorme sucesso.

Cida, já estruturada com um material de primeira qualidade, oferece agora seu produto ensinando os professores como dar aula de *Jump Fit*. A estrutura do curso era perfeita, desde o manual do próprio equipamento, as músicas escolhidas a dedo, a seleção de exercícios, o CD, o vídeo, tudo preparado com muito cuidado e eficiência. A treinadora cuidou de cada detalhe e fez com que seu produto explodisse no mundo *fitness* com grande repercussão e muito merecimento, grandes treinadores foram lapidados e foram lançados no mercado, verdadeiros soldados guerreiros com a maior energia possível. Cida deixa claro que o sucesso do *Jump* veio para ficar, pois a modalidade esta há mais de dez anos no mercado e continua crescendo a cada ano. Após 3 anos de exclusividade do *Jump Fit*, outras escolas apresentaram seus produtos semelhantes ao precursor, com nomes até parecidos, mas algumas escolas divergem com relação ao movimento de empurrar a lona, fazendo assim com que os benefícios da atividade sejam modificados.

7.2. Como era o primeiro trampolim?

Em 1930, os trampolins eram quadrados e depois foram se arredondando. A primeira cidade no Brasil a iniciar o *Jump Fit* foi Porto Alegre.

7.3. **Aspectos positivos e negativos do *jump***

▷ **Positivos:** as aulas coletivas voltam a ficar lotadas e os benefícios são atingidos, trazendo saúde para as pessoas.

▷ **Negativos:** aulas com movimentos perigosos, como por exemplo elevações de pernas, chutes altos, saltos acima da linha recomendada.

O *Jump Fit* acredita na **simplicidade,** na **segurança** e na **diversão**. Além de alterar o estado psicológico (melhora o humor das pessoas), o *Jump* também é utilizado em trabalhos com portadores de deficiência. Seu sucesso em menos de dois anos é justamente comprovado pelo fator ALEGRIA – por isso Cida escolhe as músicas a dedo, principalmente as bregas, por exemplo Xibom, Bombom, Gorila e as mais antigas, que fazem com que as pessoas se apaixonem pela modalidade.

O *Jump* não veio substituir o *step*, mas enquanto um declinava, o outro subia. O declínio do *step* se deu por falta de mão de obra e complexidade, enquanto o avanço do *Jump* ocorreu pela manutenção da simplicidade.

O Brasil é o país do trampolim, pois nosso povo é muito alegre. Outros países também acompanham o *Jump Fit*, entre eles Portugal, Alemanha, Argentina, e recentemente Israel.

7.4. **A importância da modalidade no mercado**

Aulas em grupo, com maior audiência, geram um grande retorno financeiro. As academias ganham pelo número de alunos que a modalidade retém. Mais professores sustentam suas famílias e têm uma carreira a seguir. Fabricantes de *Jump* aumentam a linha de produção, gerando empregos para muitas pessoas envolvidas na confecção do material. E há toda a estrutura da continuidade da modalidade. Além de melhorar a saúde de milhões de praticantes.

7.5. **Mensagem aos professores da modalidade**

Que eles tenham em mente que nos próximos 20 ou 30 anos nada de tão explosivo aparecerá no mundo fitness *e que eles devem ter consciência que esta modalidade lida com o lado psicossocioafetivo, portanto, que mantenham a simplicidade, a segurança e a diversão.*

Cida Conti

8.

Referências Bibliográficas

ABERNETHY, P. J.; QUIGLEY, B. M. Concurrent strength and endurance training of the elbow extensors. *J. Strength. Cond. Res.* 1993; 7: 234-40.

ACHTEN, J.; GLEESON, M.; JEUKENDRUP, A. E. Determination of the exercise intensity that elicits maximal fat oxidation. *Med. Sci. Sports Exerc.* 2002; 1: 92-7.

ALMEIDA, M. B.; ARAÚJO, C. G. S. Efeitos do treinamento aeróbico sobre a frequência cardíaca. *Rev. Bras. Med. Esporte.* 2003; 9: 104-12.

AMERICAN COLLEGE OF SPORTS MEDICINE. Appropriate intervention strategies for weight loss and prevention of weight regain for adults. *Med. Sci. Sports Exerc.* 2001; 12: 2145-56.

AMERICAN COLLEGE OF SPORTS MEDICINE. *Diretrizes do ACSM para os testes de esforço e sua prescrição.* Rio de Janeiro: Guanabara, 2003.

AMERICAN COLLEGE OF SPORTS MEDICINE. *Guidelines for exercise testing and prescription.* 6. ed. Philadelphia: Williams and Wilkins, 2000.

AMERICAN COLLEGE OF SPORTS MEDICINE. Position stand on progression models in resistance training for healthy adults. *Med. Sci. Sports Exerc.* 2002; 34: 364-80.

AMERICAN COLLEGE OF SPORTS MEDICINE. Recommendations for cardiovascular screening, staffing and emergency policies at health/fitness facilities. *Med. Sci. Sports Exerc.* 1998; 6: 1009-18.

AMERICAN COLLEGE OF SPORTS MEDICINE. The recommended quantity and quality of exercise for developing and maintaining cardiorespiratory and muscular fitness, and flexibility in healthy adults. *Med. Sci. Sports Exerc.* 1998; 6: 975-91.

AOKI, M. S.; JUNIOR, L. P.; NAVARRO, F.; UCHIDA, M. C.; BACURAU, R. F. Suplementação de carboidrato não reverte o efeito deletério do exercício de endurance sobre o subsequente desempenho de força. *Rev. Bras. Med. Esporte.* 2003; 9: 282-7.

ATHA, J. Strengthening muscle. *Exerc. Sport. Sci. Rev.* 1981; 9: 1-73.

BACURAU, R. F. *et al. Hipertrofia hiperplasia. Fisiologia, Nutrição e Treinamento do Crescimento Muscular.* São Paulo: Phorte Editora, 2001.

BAECHLE, T. R.; EARLE, R. W. *Essentials of strength training and conditioning.* Champaign: Human Kinetics, 2000.

BELL, G. J.; PETERSEN, B.; WESSEL, J.; BAGNALL, K.; QUINNEY, H. A. Physiological adaptations to concurrent endurance training and low velocity resistance training. *Int. J. Sports Med.* 1991; 12: 384-90.

BOLOGNANI, L.; VOLPI, N. *Tavole Metaboliche.* Padova: Ed. Piccin Nuova Libraria, 1997.

CAPUTO, F.; STELLA, S. G.; MELLO, M. T.; DENADAI, B. S. Índices de potência e capacidade aeróbia obtidos em cicloergômetro e esteira rolante: comparações entre corredores, ciclistas, triatletas e sedentários. *Rev. Bras. Med. Esporte.* 2003; 4: 223-30.

CARPINELLI, R. N.; OTTO, R. M.; WINETT, R. A. A critical analysis of the ACSM positions stand on resistance training: Insufficient evidence to support recommended training protocols. *JEO online.* 2004; 7: 1-60.

CONTI, C. *Planilha de Informações jumpfitfit.* (Material fornecido para os professores credenciados junto à jumpfitfit). São Paulo, 2002.

CRAIG, B. W.; LUCAS, J.; POHLMAN, R.; STELLING, H. Effects of running weightlifting and a combination of both on growth hormone release. *J. Appl. Sport. Sci. Res.* 1991; 5: 198-203.

DEVLIN, T. M. *Manual de Bioquímica com Correlações Clinicas.* São Paulo: Ed. Edgar Blucher, 1998.

DOCHERTY, D.; SPORER, B. A proposed model for examining the interference phenomenon between concurrent aerobic and strength training. *Sports Med.* 2000; 6: 185-394.

DUDLEY, G. A.; DJAMIL, R. Incompatibility of endurance and strength training modes of exercises. *J. Appl. Physiol.* 1985; 59: 1446-51.

FOX, E. L.; BOWERS, R. W.; FOSS, M. L. *Bases Fisiológicas da Educação Física e dos Desportos.* Rio de Janeiro: Guanabara, 1989.

FURTADO, E. S.; SIMÃO, R.; LEMOS, A. L. P. Análise do consumo de oxigênio, frequência cardíaca e dispêndio energético, durante as aulas do *Jump Fit. Rev. Bras. Med. Esporte.* 2004; 10: 371-5.

GOMES, R. V.; MATSUDO, S. M. M.; ALEMIDA, V. C. S.; AOKI, M. S. Suplementação de carboidrato associada ao exercício de força não afeta o subsequente desempenho no teste de potência aeróbia. *Rev. Cie. Mov.* 2003; 1: 67-72.

GRAVELLE, B. L.; BLESSING, D. L. Physiological adaptation in women concurrently training for strength and endurance. *J. Strength. Cond. Res.* 2000; 14: 5-13.

HUFF, G. G.; STONE, M. H.; WARREN, B. J.; KEITH, R.; JOHN-SON, R. L.; NIEMAN, D. C. *et al.* The effect of carbohydrate supplementation on multiple sessions and bouts of resistance exercise. *J. Strength. Cond. Res.* 1999; 13: 112-7.

HARDMAN, A. E. Issues of fractionization of exercise (short *vs.* long bouts). *Med. Sci. Sports. Exerc.* 2001; 6: S421-S427.

HARMS, C. A. Effect of skeletal muscle demand on cardiovascular function. *Med. Sci. Sports Exerc.* 2000; 1: 94-9.

HICKSON, R. C.; DVORAK, B. A.; GOROSTIGA, E. M.; KURO-WISKI, T. T.; FOSTER, C. Potential for strength and endurance training to amplify endurance performance. *J. Appl. Physiol.* 1988; 65: 2285-90.

HICKSON, R. C. Interference of strength development by simultaneously training for strength and endurance. *Eur. J. Appl. Physiol.* 1980; 45: 255-63.

JACKSON, A. S.; POLLOCK, M. L.; WARD, A. Generalized equations for predicting body density of women. *Med. Sci. Sports Exerc.* 1980; 12: 175-82.

JOLPE, S. L.; RANKIN, J. W.; RODMAN, K. W.; SEBOLT, D. R. The effect of endurance running on training adaptations in women participating in weight lifting program. *J. Strength. Cond. Res.* 1993; 7: 101-7.

KEOGH, J. W. L.; WILSON, G. J.; WEATHERBY, R. P. A. Cross-sectional comparison of different resistance training techniques in the bench press. *J. Strength. Cond. Res.* 1999; 3: 247-58.

KRAEMER, W. J.; PATTON, J. F.; GORDON, S. E.; HARMAN, E. A.; DESCHENES, M. R.; REYNOLDS, K. *et al.* Compatibility of high-intensity strength and endurance training on hormonal and skeletal muscle adaptations. *J. Appl. Physiol.* 1995; 78: 976-89.

LEE, M.; SKERRETT, P. Physical activity and all-cause mortality: what is the doseresponse relation? *Med. Sci. Sports Exerc.* 2001; 6: 459-71.

LEHNINGER, A. L. *Bioquímica v. I-IV.* São Paulo: Ed. Edgar Blucher, 1976.

LEVERITT, M.; ABERNETHY, P. J.; BARRY, B.; LOGAN, P. Concurrent strength and endurance training: The influence of dependent variable selection. *J. Strength. Cond. Res.* 2003; 17: 503-8.

LEVERITT, M.; ABERNETHY, P. J. Concurrent strength and endurance. *Sports Medicine.* 1999; 28: 413-27.

LEVERITT, M.; MACLAUGHLIN, H.; ABERNETHY, P. J. Changes in leg strength 8 and 32 hours after endurance exercise. *J. Sport. Sci.* 2000; 18: 865-79.

MARTINOVIC, N. V. P.; MARQUES, M. B.; NOVAES, J. S. Respostas cardiovasculares e metabólicas do *step training* em diferentes alturas de plataforma. *Rev. Bras. Ativ. Física Saúde.* 2002; 7: 5-13.

MAUGHAN, R.; GLEESON, M.; GREENHEFF, P. *Bioquímica do Exercício e do Treinamento.* São Paulo: Manole, 2000.

MCCARTHY, J. P.; AGRE, J. C.; GRAF, B. K.; POZNIAK, M. A.; VAILAS, A. C. Compatibility of adaptative responses with combining strength and endurance training. *Med. Sci. Sports Exerc.* 1995; 27: 429-36.

MONTEIRO, W. D.; ARAÚJO, C. G. S. Transição caminhada-corrida: considerações fisiológicas e perspectivas para estudos futuros. *Rev. Bras. Med. Esporte.* 2001; 6: 207-22.

NELSON, A. G.; ARNELL, D. A.; LOY, S. F.; SILVESTER, L. J.; CONLEE, R. K. Consequences of combining strength and endurance training regimes. *Phys. Ther.* 1990; 70: 287-94.

NIGG, B. M.; HERZOG, W. *Biomechanics of the musculo-skeletal system.* Inglaterra: John Wiley & Sons, 1994.

NORTON, K.; OLDS, T. *Antropométrica: libro de referencia sobre mediciones corporales humanas para la educación en deportes y salud.* Rosário: Biomsystem, 2000.

OJA, P. Dose response total volume of physical activity and health and fitness. *Med. Sci. Sports Exerc.* 2001; 6: S428-S437.

OLBRECHT, J. *The Science of Winning: Planning, Periodizing and Optimizing Swim Training.* Bélgica, 2000.

OLSON, M. S.; WILLIFORD, H. N.; BLESSING, D. L.; BROWN, J. A. The physiological effects of bench/step exercise. *Sports Med.* 1996; 1: 1311-17.

PARKER, S. B.; HURLEY, B. F.; HANLON, D. P.; VACCARO, P. Failure of target heart rate to accurately monitor intensity during aerobic dance. *Med. Sci. Sports Exerc.* 1989; 1: 230-4.

PEARSON, T. A.; BLAIR, S. N.; DANIELS, S. R.; ECKEL, R. H.; FAIR, J. M.; FORTMANN, S. P. *et al. AHA guidelines for primary prevention of cardiovascular disease and stroke: 2002 update. Consensus panel guide to comprehensive risk reduction for adult patients without coronary or other atherosclerotic vascular diseases.* 2002; 106: 388-91.

PEARSON, T. A.; BLAIR, S. N.; DANIELS, S. R.; ECKEL, R. H.; FAIR, J. M.; RUPP, J. C. *et al.* Bench step activity: effects of bench height and hand held weights. *Med. Sci. Sports Exerc.* 1992; 5: S12.

PHILIPS, W. T.; ZIURAITIS, J. R. Energy cost of the ACSM single-set resistance training protocol. *J. Strength. Cond. Res.* 2003; 17: 350-55.

RUBIN, C.; TURNER, A. S.; BAIN, S.; MALLINCKRODT, C.; MCLEOD, K. Low mechanical signals strengthen long bones. *Nature.* 2001; 412(9): 603-604.

SCHELL, T. C.; WRIGHT, G.; MARTINO, P.; RYDER, J.; CRAIG, B. W. Post exercise glucose, insulin and c-peptide responses to carbohydrate supplementation: running vs. resistance exercise. *J. Strength. Cond. Res.* 1999; 13: 372-80.

SIMÃO, R.; FARINATTI, P. T. V.; POLITO, M. D.; MAIOR, A. S.; FLECK, S. J. Influence of exercise order on the number of repetitions performed and perceived exertion during resistance exercises. *J. Strength. Cond. Res.* 2005; 19: 152-56.

SIMÃO, R. *Fisiologia e prescrição de exercícios para grupos especiais.* São Paulo: Phorte, 2004.

SIRI, W. E. *Body composition from fluid spaces and density. Techniques for measuring body composition.* Washington: National Academy of Science, 1961.

STONE, M. H.; O'BRYANT, H. *Weight training: a scientific approach.* Minneapolis: Burgess, 1984.

SUSLOV, F. P. *Teoria e Metodologia do Esporte.* Moscou: Ed. Taims, 1997.

TANESESCU, M.; LEITZMANN, M. F.; RIMM, E. B.; WILLEM, W. C.; STAMPFER, M. J.; HU, F. B. Exercise type and intensity in relation to coronary disease in men. *JAMA.* 2000; 288: 1994-2000.

THOMPSON, P. D.; CROUSE, S. F.; GOODPASTER, B.; KELLEY, D.; MOYNE, N.; PESCATELLO, L. The acute versus the chronic response to exercise. *Med. Sci. Sports Exerc.* 2001; 6: S438-S445.

THORNTON, M. K.; POTTEIGER, J. A. Effects of resistance exercise bouts of different intensities but equal work on EPOC. *Med. Sci. Sports Exerc.* 2002; 4: 715-22.

VERJOSHANSKI, Y. V. *Entrenamiento Deportivo – Planificación y Programación.* Barcelona: Ed. Martinez Roca, 1990.

VERJOSHANSKI, Y. V. *Entrenamiento Desportivo – Teoria e Metodologia.* Porto Alegre: Artmed, 2001.

VOLKOV, N. I. Bioquímica do Esporte. *Bioquímica.* Moscou, 1986.

WEINECK, J. *Treinamento Ideal.* São Paulo: Manole, 1999.

WELTMAN, A.; SEIP, R. L.; SNEAD, D.; WELTMAN, J. Y.; HASKVITZ, E. M.; WILLIFORD, H. N. *et al.* Is low-impact aerobic dance an effective cardiovascular workout? *Phys. Sports Med.* 1989; 17: 95-109.